THIS BOOK

Belongs to

○○○○○○○○○○○○○

1

COLOR TEST

2

3

REPEAT

4

5

REPEAT

6

7

REPEAT

8

9

REPEAT

10

11

REPEAT

12

13

REPEAT

14

15

REPEAT

16

17

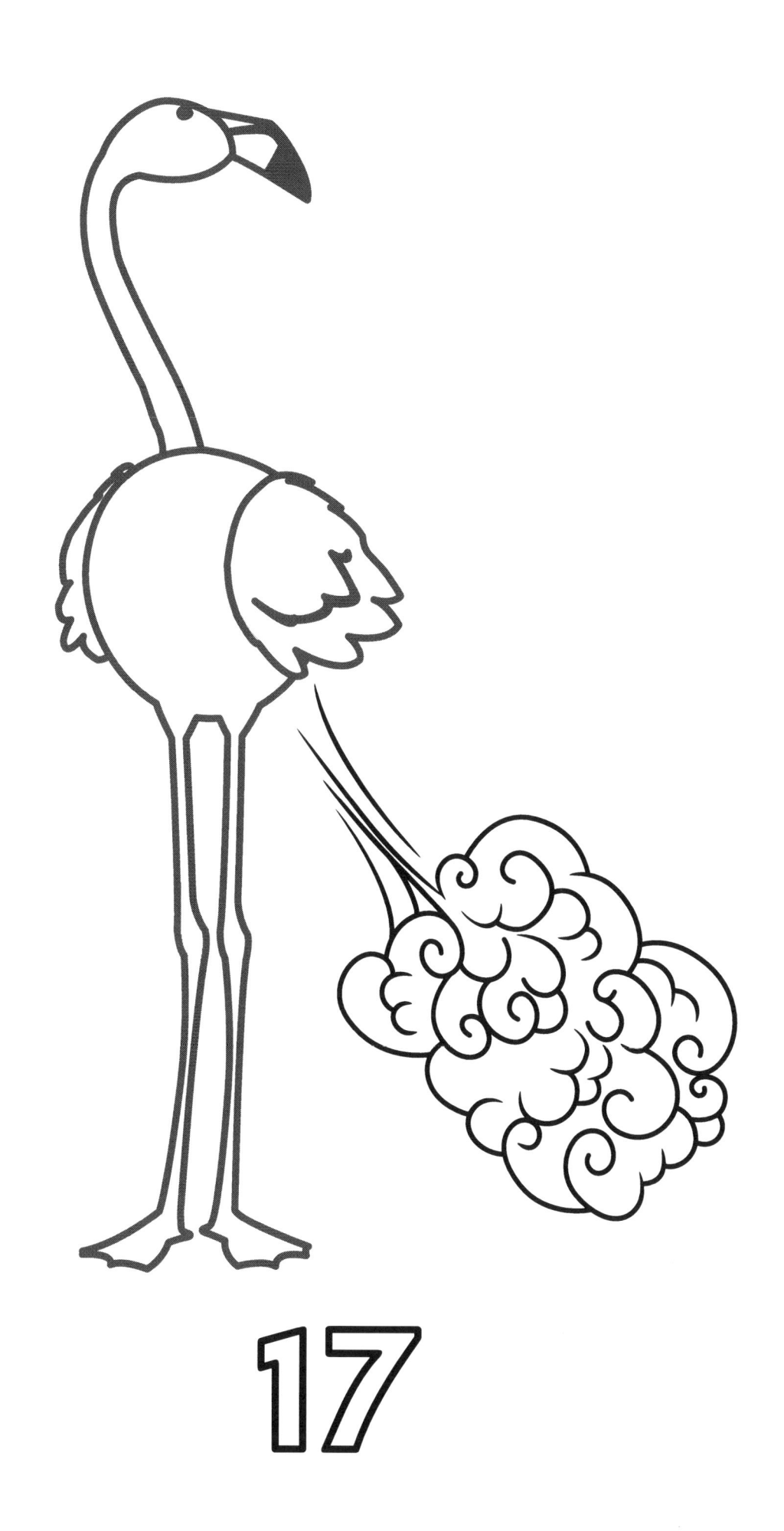

REPEAT

18

19

REPEAT

20

21

REPEAT

22

23

REPEAT

24

25

REPEAT

26

27

REPEAT

28

29

REPEAT

30

31

REPEAT

32

33

REPEAT

34

35

REPEAT

36

37

REPEAT

38

39

REPEAT

40